Jens

kann ab und zu etwas trotzig sein, ist aber ganz bei der Sache, wenn es darauf ankommt.

Lisa

zeigt gern, was sie alles weiß, und ist auch als beste Freundin unschlagbar.

Benni

ist manchmal etwas ungeschickt, hat dabei jedoch immer gute Laune.

Wir gehen ins Theater

A Visit to the Theatre

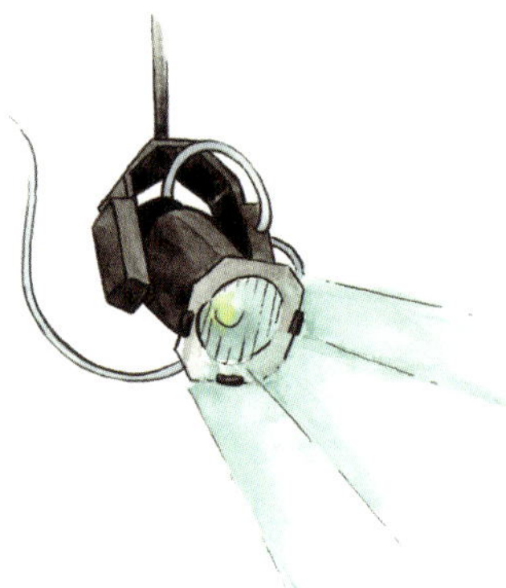

Die Deutsche Nationalbibliothek verzeichnet diese Publikation in der Deutschen Nationalbibliografie; detaillierte bibliografische Daten sind im Internet über http://dnb.ddb.de abrufbar.

BiLi – Zweisprachige Sachgeschichten für Kindergarten- und Grundschulkinder in der Kollektion OLMS junior

www.olms-junior.de

Illustrationen: Katja Kiefer
Übersetzung ins Englische: Pauline Elsenheimer
Englisch-Lektorat: Faith Clare Voigt
Gesamtgestaltung: Rafaela Nimmesgern, Hamburg
Druck und Bindung: Himmer AG, Augsburg

Printed in Germany

ISBN 978-3-487-08834-1

Wir gehen ins Theater
A Visit to the Theatre

Roland Mörchen

Illustrationen von
Katja Kiefer

OLMS

Theater spielen! Lisa hatte sich das schon lange gewünscht. Ihre ganze Schulklasse probte im Stadttheater das Märchen *Hänsel und Gretel*. Auf einer großen Bühne und mit einer echten, noch dazu berühmten Regisseurin!

„Ich spiele nicht mit! Und überhaupt sind Märchen nur etwas für kleine Kinder", nörgelte Jens. „Spider-Man macht mehr Spaß."

„Hör bloß mit dem Quatsch auf!" Lisa wurde rot vor Zorn.

„Spider-Man hat Action", beharrte Jens.

„Unser Stück vielleicht nicht?", erwiderte Lisa. „Heute ist auf der Probe richtig was los."

„Ich spiele trotzdem nicht mit, erst recht nicht als Fuchs. Auf allen Vieren soll ich laufen. Ich mache mich ja lächerlich!"

„Benni, sag du doch auch mal etwas!" Lisa sah hilfesuchend zu ihm hinüber.

Ich spiele nicht mit!

Acting! This was something Lisa had been wanting to do for a long time. Her entire class was rehearsing the fairy tale *Hansel and Gretel* at the municipal theatre. On a huge stage and with a famous professional director!

"I'm not going to act! And anyway, fairy tales are only for little children," grouched Jens. "Spider Man is more fun."

There's action!

"Don't talk such nonsense!"
Lisa's face was red with anger.
"In Spider Man there's action," persisted Jens.
"Do you mean there is no action in our play, or what?" demanded Lisa. "There's a lot going on today at the rehearsal."
"I'm still not going to act, and I'm certainly not going to be a fox. I'm supposed to go down on all fours. I don't want to make myself look ridiculous!"
"Benni, you say something!"
Lisa looked at him for help.

Warum ein Fuchs?

„Unsere Klassenlehrerin Frau Wette hat gesagt, dass Jens mitspielt. Also spielt er auch mit“, behauptete Benni. „Nur verstehe ich nicht, warum in *Hänsel und Gretel* auf einmal ein Fuchs vorkommt.“

„Sag mal, schläfst du mitten am Tag?“ Lisa war nun richtig wütend. „Die Regisseurin hat es uns doch erklärt. Nachdem sich die Geschwister Hänsel und Gretel im Wald verirrt haben, führt sie ein Fuchs nicht nach Hause …“

„… sondern zur Hexe“, erinnerte sich Benni wieder. „Der Fuchs macht nämlich mit der Hexe gemeinsame Sache. Toll!“

„Du musst den Fuchs ja nicht spielen“, schmollte Jens.

„Stimmt. Ich bin Hänsel, und Lisa ist Gretel.“

Our class teacher Mrs. Wette said that Jens was going to take part. So he will have to," stated Benni firmly. "I just don't understand why there's a fox all of a sudden in *Hansel and Gretel*."
"Were you sleeping when the director came?" Lisa was really furious now. "She told us about it. After Hansel and Gretel get lost in the forest, a fox comes and instead of leading them home ..."
"... he takes them to the witch," Benni recalled. "The fox is working for the witch. Great!"
"You don't have to play the fox," sulked Jens.
"True. I'm Hansel and Lisa is Gretel."

Great!

„Alle mal herhören!“, rief die Regisseurin.
Die Theaterprobe war in vollem Gang.
„Ich erzähle euch, was wir heute machen. Der Fuchs läuft in den Wald zurück, um nach weiteren Kindern zu suchen. Lisa und Benni, stellt euch an den Ofen! Eure Klassenkameraden bleiben drüben, wo die Hexe sie in Käfige gesperrt hat. Adelheid! Wo steckt Adelheid, unsere Hexe?“
„Komme schon.“
„Endlich! Du willst zuerst Hänsel im Ofen braten. Schließlich hast du ihn gut gemästet. Alles klar, Benni?“
Der Kostümbildner hatte ihm ein Kissen um den Bauch geschnallt und es unter dem Kostüm versteckt. Benni war von Natur aus schon nicht sehr schlank. Er musste es selbst zugeben. Aber mit dem Kissen sah er richtig fett aus. Einige Kinder grinsten.

Alle mal herhören!

Come on everyone, over here!" called the director.
The rehearsal was in full swing.
"I'll tell you what we are doing today. The fox runs back into the forest to look for other children. Lisa und Benni, stand by the oven! And your classmates stay over there, where the witch has locked them into cages. Adelheid! Where has Adelheid got to, our witch?"
"I'm coming."
"At last! You want to roast Hansel in the oven first. After all, you have fattened him up well. Are you ready, Benni?"
The costume director had strapped a cushion to his stomach and hidden it underneath the costume. Benni was not very slim anyway. He even admitted it himself. But now with the cushion he looked really fat.
Some of the children grinned.

Etwas mehr Ernst, bitte!“, rügte die Regisseurin. „Du bist an der Reihe, Lisa!“
„Ich weiß! Die Hexe will, dass ich ihren großen Ofen von innen abschrubbe, damit er ganz sauber wird. Ich steige in den Ofen …“
„Auf keinen Fall“, fiel die Regisseurin ihr ins Wort. „Gretel stellt sich dumm, aber sie ist nicht dumm. Du gibst bloß vor, nichts vom Schrubben zu verstehen. Sobald die Hexe in den Ofen gekrochen ist, um es dir zu zeigen, schlägst du mit Benni die schwere Ofenklappe zu. So habe ich mir die Geschichte neu ausgedacht.“

Auf keinen Fall!

Your turn!

Be serious now please!" the director reprimanded them. "Your turn, Lisa!"
"I know! The witch wants me to scrub the oven clean from the inside. I climb into the oven ..."
"Oh no," the director interrupted her. "Gretel is pretending to be stupid, but she isn't really. You just pretend you don't know anything about scrubbing. As soon as the witch has crawled into the oven to show you how it's done, you and Benni slam the heavy oven door shut together. I've changed the story a bit."

Mit Schrubber, Eimer und Wischlappen kroch Adelheid als Hexe in den Ofen. Wie ein gieriges Maul sah die riesige Öffnung aus. Vereint stemmten sich Hänsel und Gretel gegen die Ofenklappe. Da machte es „ratsch!“, wo man eigentlich „klapp!“ hätte hören sollen. Benni war mit seiner Jacke, die er über dem künstlich gewölbten Bauch nicht zuknöpfen konnte, an der Klappe hängen geblieben. Das Futter war gerissen.

„Tollpatsch!“, stichelte Jens.
„Nicht schlimm“, meinte die Regisseurin. „Das ist nur die Jacke zum Proben.“
An dem richtigen Kostüm arbeiteten die Schneiderinnen noch fleißig. Benni sollte nachher wieder zur Anprobe kommen.

It doesn't matter!

With scrubbing-brush, bucket and cloth, Adelheid crawled into the oven as the witch. The huge opening looked like a greedy mouth. Together Hansel and Gretel braced themselves against the oven door. And then everybody heard a tearing noise instead of the CLICK! the door should have made falling into place. Benni was stuck; his jacket, which he had not been able to button up over his false stomach, had got caught on the door. The lining was ripped.

"Clumsy clot!" jeered Jens.
"It doesn't matter," said the director.
"It's only the jacket for the rehearsal."
The dressmakers were still busy on the proper costume. Afterwards Benni was to go for another fitting.

Noch einmal von vorn!

Noch einmal von vorn, aber mit Text“, rief die Regisseurin. Benni zuckte zusammen. Was sollte er doch gleich sagen?

„Wir sind schnell ... zur Stell’ ...“

Zum Glück gibt es für solche Fälle eine Souffleuse. Wenn jemand seinen Text vergisst, sagt sie ihn rasch vor. Auch während der Aufführung. Dann sitzt sie an der Seite der Bühne, wo sie vom Publikum nicht gesehen werden kann.

„Wir sind zur Stell’, wie geht das schnell, und schlagen zu die Tür im Nu.“

„Die Worte merkt er sich nie“, spottete Jens.

„Spiele du nur den Fuchs besser!“, mahnte die Regisseurin.

Beim zweiten Versuch war alles richtig. Benni blieb nicht an der Ofentür hängen und er beherrschte seinen Text. Auch den Schrubber hörte man kräftig schrubben und die Klappe laut zuschlagen. Doch nicht die Spieler verursachten diese Geräusche. Sie kamen aus der Tonkabine vom Band. So wirkten sie besser.

Now once again, from the beginning, but this time with the text," called out the director.

Benni winced. What was he supposed to say?

"Quickly we ..."

Luckily for situations like that there is a prompter. If someone forgets his text, the prompter tells him what to say. Even during the performance. Then the prompter sits in the prompt corner at the side of the stage, where she cannot be seen by the audience.

"On the spot, quick as a wink and then we slam the door shut in a flash."

"He never knows his words," scoffed Jens.

"Just make sure you play the fox better," warned the director.

At the second attempt everything went well. Benni did not get hooked to the door and he mastered his text.

The scrubber could be heard scrubbing busily and the door slammed shut loudly.

Yet it was not the actors who made the noises. They came from the sound room and had been recorded on tape. This way, the effect was better.

Once again!

Gretel befreit nun alle Kinder aus den Käfigen“, erläuterte die Regisseurin. „Und Hänsel entdeckt den zurückgelassenen Hexenbesen.“

Auf diese neue Szene freute sich Benni schon seit Tagen. Er sollte auf dem Besen fliegen! Selbstverständlich war das ein Trick, der gut geprobt werden musste.

„Warum ist kein Besen da?“, fragte die Regisseurin.

„Er ist schon ohne Hänsel davongeflogen“, scherzte der Requisiteur. Er hat alle Gegenstände herbeizuschaffen, die für die Aufführung nötig sind.

„Dann fang ihn nur rasch wieder ein!“, entgegnete die Regisseurin.

„Wie soll der Hexenbesen denn aussehen?“, erkundigte sich der Requisiteur. „Wir haben alle Sorten im Fundus.“

„Im Fundus?“, fragte Jens.

Lisa wusste Bescheid: „Darin wird alles gesammelt, was man für Theaterstücke brauchen könnte.“

„Auch Besen?“

„Ja. Und Teller, Tassen, Telefone ...“

Fundus?

In the props room?

"Now Gretel lets all the children out of the cages," explained the director. "And Hansel discovers the witch's broom in a corner."

Benni had been looking forward to this scene for days. He was meant to fly on the broom! Naturally this was a trick which had to be well rehearsed.

"Why isn't there a broom here?" asked the director.

"It's already flown away without Hansel," joked the prop master. He has to provide all the items necessary for the performance.

"Then catch it again quickly!" replied the director.

"What is the witch's broom meant to look like?" asked the prop master. "We have got all sorts in the props room."

"In the props room?" Jens asked.

Lisa knew what this meant.

"That is where everything is collected which could be needed for plays."

"Brooms too?"

"Yes. And plates, cups, telephones ..."

Die Regisseurin wollte einen Reisigbesen. Benni und Jens hatten noch nie einen Fundus gesehen. Beide gingen mit dem Requisiteur ins Untergeschoss. Da lagen und standen wahrhaftig alle möglichen Dinge in Hülle und Fülle herum: Gläser, Flaschen, Lampen, Uhren. Und Besen gab es dort mit krummem, kurzem oder langem Stiel. Sie fanden Handbesen, moderne Haushaltsbesen, alte Straßenkehrerbesen, Staubsauger und natürlich Reisigbesen. Benni durfte sich einen davon aussuchen.

In Hülle und Fülle

Glasses, bottles, and ...

The director wanted a broom made out of dry twigs. Benni and Jens had never seen a props room. They both accompanied the prop master into the basement. And there really was just about everything there in abundance: glasses, bottles, lamps and clocks. And broomsticks too: bent ones, short ones, long ones. They found brushes, modern household brooms, vacuum cleaners and of course brooms made with dry twigs. Benni was allowed to choose one.

... broomsticks!

Schwupp!

Unterdessen waren zwei Bühnentechniker auf die Probe gekommen. Der eine nahm Benni den Besen ab und befestigte ihn an einem Seil. Der andere sicherte Benni an kräftigen Haltegurten. Die mussten richtig gut sitzen, damit wirklich nichts passieren konnte.
Schwupp! Schon zappelte Benni in der Luft. Neben ihm schwebte der Besen am Seil.
„Benni und der Besen sollen gleichzeitig in der Luft sein!“, ordnete die Regisseurin an.

Beide wurden noch einmal heruntergelassen. Benni klemmte den Besen zwischen die Beine, als würde er darauf reiten. Wieder ging es in die Luft.
Da machte sich der Besen auf einmal selbstständig und verschwand im Dunkel der Bühne. Und Benni? Er plumpste auf den Boden. Lisa und Jens waren starr vor Schreck – doch Benni war vergnügt.
Er steckte noch immer sicher in den Haltegurten. Es hatte ja nur nach einem Sturz aussehen sollen. Wenn Lisa und Jens den Atem angehalten hatten, dann würden es die Zuschauer auch. Bis zur Premiere musste es nur noch besser klappen.

By now two stage technicians had arrived at the rehearsal. One of them took the broom from Benni and fixed it to a rope. The other secured Benni to a powerful safety harness. This had to sit really well so that nothing could go wrong. WHOOSH! Benni was already hovering in the air next to the broom which was dangling on a rope. "Benni and the broom are meant to be in the air at the same time!" instructed the director.

WHOOSH!

Both were let down again. Benni clamped the broom between his legs, as if he was riding it. Once again it rose into the air. Then, all of a sudden, the broom acted on its own and disappeared into the dark of the stage. And Benni? He flopped onto the floor. Lisa und Jens were numb with shock – yet Benni was quite cheery. He was still safely secured in the harness. It was only meant to look as if he had fallen. If Lisa and Jens had caught their breath, then the audience would do, too. It only had to work better by the day of the première.

Toi, toi, toi!

Es kam der Tag der Premiere, der ersten öffentlichen Aufführung. Was für eine Aufregung! Das Bühnenbild des am Vorabend gespielten Stückes war schon abgebaut und der Wald mit Hexenhaus aufgebaut worden. In den Garderoben halfen Ankleiderinnen den Kindern, in die Kostüme zu schlüpfen.

Jens fand, dass sein Fuchskostüm zwickte. Anschließend wurden alle geschminkt. Adelheid bekam eine Perücke aus strähnigen grauen Haaren. Der Maskenbildner malte ihr tiefe Runzeln ins Gesicht, setzte ihr eine krumme Nase auf und schwärzte einen Vorderzahn. Wenn sie den Mund aufmachte, sah es wie eine Zahnlücke aus. Schon hatte sich Adelheid in eine Hexe verwandelt!

„Toi, toi, toi!“, rief einer dem anderen zu. Damit wünschen sich Theaterleute gegenseitig viel Glück.

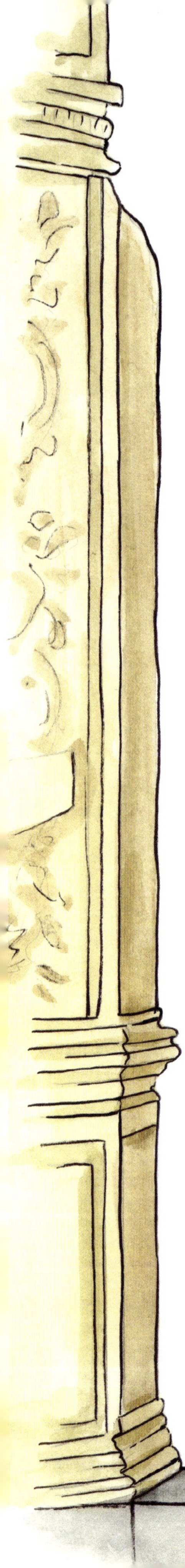

The première

Then came the day of the première, the first public performance. Everybody was very excited. The scenery for the play which had been performed the evening before had already been dismantled and the forest with the witch's house had been set up in their place. In the dressing rooms, the dressers were helping the children to put on their costumes.

Jens complained that his fox costume pinched him. Then everybody was made up. Adelheid was given a wig out of stringy grey hair. The make-up artists painted deep wrinkles on her face, set a crooked nose in place and blackened one of her front teeth. When she opened her mouth, it looked like a gap in her teeth. Adelheid had been transformed into a witch!

"I'm holding my thumbs for you!" they all called out to each other. This is what actors say to wish each other good luck before a performance.

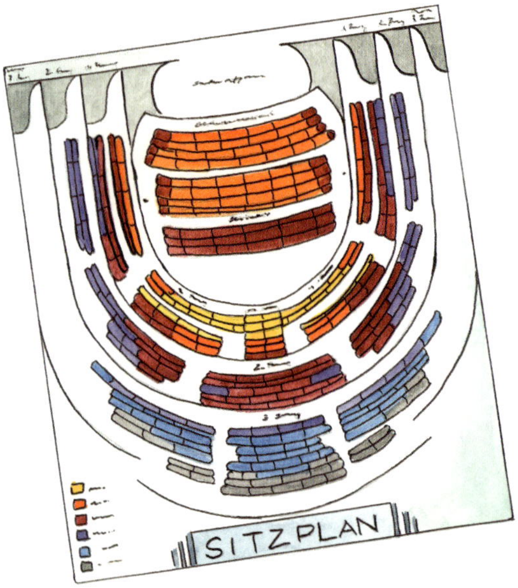

An der Kasse standen Kleine und Große in langen Reihen an. Jeder wollte das neue Stück sehen. Auch die Eltern von Lisa, Jens und Benni waren gekommen. Einige Theaterbesucher hatten bereits Karten fürs ganze Jahr. Das waren die Abonnenten. Anna, Lisas jüngere Schwester, durfte heute auch mit. Sie staunte über die verschiedenen Preise.

„Müssen nicht alle den gleichen Eintritt bezahlen? Das ist aber ungerecht“, meinte sie.
„Im Gegenteil“, erwiderte der junge Mann an der Kasse und zeigte ihr den Sitzplan des Theaters. „Es gibt Plätze weiter vorn und weiter hinten im Parkett vor der Bühne. Steigst du die Treppen hinauf, kommst du in den ersten, zweiten und dritten Rang.“
„Da sehe ich von oben auf die Bühne?“
„Richtig. Auch dort kannst du weiter vorn und weiter hinten sitzen. Auf einigen Plätzen siehst du allerdings weniger als auf anderen.“
Kinder brauchten nicht so viel wie Erwachsene zu bezahlen. Das war bestimmt gerecht.

Ungerecht?

On the contrary!

Adults and children were standing in a long queue at the cash desk. Everyone wanted to see the new play. Lisa's, Jens' and Benni's parents had come, too. Some theatre visitors already had tickets for the whole year. These were the subscribers. Anna, Lisa's younger sister was also allowed to come today. She was amazed at the different prices.

"Doesn't everyone pay the same entrance fee? That's not fair," she said.
"On the contrary," replied the young man at the cash desk and showed her the seating plan for the theatre. "There are seats right at the front and right at the back of the stalls in front of the stage. If you go up the stairs, you will find the first second and third tier."
"And from up there I look down onto the stage?"
"Right. And there you can sit at the front or right at the back. From some seats, however, you can see less than from others."
Children did not have to pay as much as adults. That was definitely fair.

Meine Schwester!

An der Garderobe gab Anna ihren Mantel ab. Er wurde an einen Haken gehängt, auf dem die Nummer 124 stand. Anna bekam eine Silbermünze mit der gleichen Nummer. Die musste sie gut aufbewahren, um nach der Vorstellung ihren Mantel zurückzuerhalten.

Annas Mutter gab ihr etwas Geld, damit sie sich ein Programmheft kaufen konnte. Darin standen die Namen aller Mitwirkenden, auch Lisas. Auf dem Foto erkannte sie ihre Schwester sofort. Anna freute sich schon darauf, Lisa in ihrer Verkleidung auf der Bühne zu sehen.

Number 124

At the cloakroom Anna handed in her coat. It was hung on a hook with the number 124. Anna was given a silver coin with the same number on it. She had to keep it safely so that she could reclaim her coat after the performance.

Anna's mother gave her some money so that she could buy a programme. The names of all the people taking part in the performance were in the programme, including Lisa's. Anna recognised her sister immediately on the photo. She was looking forward to seeing Lisa in her costume on the stage.

Bravo!

Nun saß Anna neben ihren Eltern im ersten Rang. Langsam ging das Licht aus, und der große rote Vorhang öffnete sich. Sie sah Benni und Lisa, die als Hänsel und Gretel durch den Wald irrten. Da war auch Jens. Aber ihn erkannte sie in seinem Fuchskostüm nur schwer wieder. Er lief auf allen Vieren! Das fand Anna lustig. Als die Hexe auftauchte und auf der Bühne ein gespenstisches Licht zu sehen war, fürchtete sie sich etwas. Allerdings nur für einen kurzen Augenblick.
Am Schluss klatschten die Zuschauer begeistert.
Einige riefen „Bravo!"

Bravo!

Bravo!

Anna sat next to her parents in the first tier. Slowly the lights dimmed and the huge red curtains parted. She saw Lisa and Benni wandering through the forest as Hansel and Gretel. And Jens was there, too. But it was difficult for her to recognise him in his fox costume. He was moving on all fours! Anna thought that was funny. When the witch appeared on the stage and could be seen in a spooky light, she felt scared. Yet only for a brief moment. At the end of the performance the audience clapped in delight. Some shouted out "Bravo!"

Bravo!

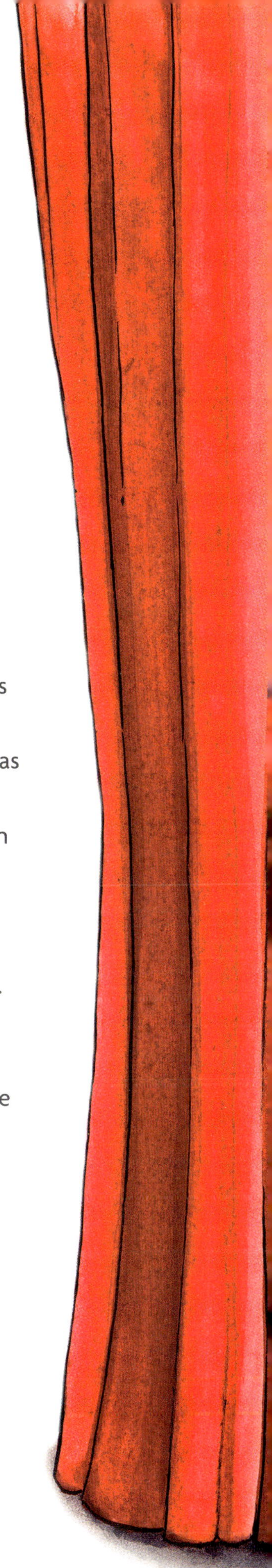

Am nächsten Tag stand in der Zeitung zu lesen: „Ein voller Erfolg für die Schulkinder!“ Solche Kritiken fallen nicht immer gut aus. Daraus darf man sich aber nichts machen. Hauptsache ist, dass alle richtig bei der Sache sind.

Sogar Jens gab schließlich zu: „Es war fast so gut wie Spider-Man.“

„Es war besser!“, sagte Benni.

Ein voller Erfolg!

The next day there was an article in the newspaper: "A full-scale success for the school children!" Critiques do not always turn out so well. But there is no need to worry too much about them. The main thing is that everyone is wholeheartedly involved. Even Jens had to admit: "It was almost as good as Spider Man."
"It was better!" said Benni.

It was better!

Wen oder was gibt es sonst noch im Theater?

Was ist eine Probebühne?

Die Probebühne ist viel kleiner als die richtige Bühne. Auf der Probebühne machen sich die Schauspieler mit den Abläufen im Stück vertraut. Erst später wird auch auf der großen Bühne geprobt.

What is a rehearsal stage?

The rehearsal stage is much smaller than the proper stage. On the rehearsal stage the actors familiarise themselves with the sequences of the play. They only rehearse later on the big stage.

Was ist ein Bühnenbild?

Alles, was auf der Bühne aufgebaut ist: Haus und Wald zum Beispiel. Der Bühnenbildner bastelt sein Bühnenbild zuerst als Modell, nicht größer als ein Puppenhaus. Nach diesem Vorbild entstehen in der Theaterwerkstatt die großen Bauten.

What is a stage setting?

Everything which is built up on the stage: the house and the forest, for example. First the stage designer makes a model of the stage no larger than a dolls' house. The large constructions are then built in the theatre workshop, working from this model.

Was macht ein Inspizient?

Der Inspizient achtet bei Aufführungen und wichtigen Proben darauf, dass die Schauspieler ihren Auftritt nicht verpassen. Über einen Lautsprecher kann man ihn im ganzen Theater hören. Der Inspizient gibt auch die Einsätze für Toneinspielungen und Umbauten auf der Bühne.

What does a stage manager do?

He makes sure that the actors do not miss their cues during performances and important rehearsals. One can hear him over a loudspeaker all over the theatre. The stage manager also gives the instructions for the sounds to be played and for the constructions on the stage.

Was ist eine Figurine?

Der Kostümbildner zeichnet alle Kostüme auf ein Blatt Papier. Diese Zeichnung heißt Figurine. Danach werden die Kostüme geschneidert.

What is a costume sketch?

The costume designer sketches all the costume on sheets of paper. These sketches are known specifically as costume sketches and provide th patterns for sewing the costumes.

Who or what else is there at the theatre?

Wozu braucht man einen Beleuchter?

Der Beleuchter richtet die Scheinwerfer ein und taucht damit jede Szene in ein anderes Licht.

Why does one need a lighting technician?

The lighting technician directs the spotlights and can bathe every scene in a different light.

Was ist ein Statist?

Ein Statist spielt meist kleine stumme Rollen wie einen Diener, einen Briefboten oder einen Fußgänger. Bei Massenszenen, wenn zum Beispiel viele Menschen auf einem Marktplatz versammelt sind, werden viele Statisten gebraucht.

What is an extra?

An extra mostly plays small, non-speaking parts, such as a servant, a postman or a pedestrian. In crowd scenes, if a lot of people gather in a market square, for example, many extras are needed.

Was geschieht auf der Generalprobe?

Sie ist die allerletzte Probe vor der Premiere. Auf der Generalprobe läuft das Stück schon wie bei der öffentlichen Aufführung ab – bloß noch ohne Publikum.

What happens at the dress rehearsal?

This is the very last rehearsal before the première. At the dress rehearsal the play is performed as if it were in public – but without the audience.

Wozu braucht man eine Applausordnung?

Am Schluss der Vorstellung verneigen sich die Schauspieler vor dem Publikum. Damit sie nicht durcheinanderlaufen, legt die Regisseurin die Reihenfolge fest.

Why does one need an applause schedule?

At the end of a performance the actors take their bows before the audience. To ensure there is no confusion, the director sets the order in which they may take their bow.

Was ist ein Orchestergraben?

Bei Theaterstücken mit Musik spielt ein Orchester. Die Musiker sitzen in einer Vertiefung vor der Bühne – im Orchestergraben.

What is an orchestra pit?

When plays have music, this music is provided by an orchestra. The musicians sit in a pit directly in front of the stage – the orchestra pit.

9
10
7
14
17
18
19
20
4

11
12
13
5
15
1
21
6
3
2
16
8
12

THEATERFÜHRER	THEATRE GUIDE
die Bühne	the stage
die Kulissen f, 1	the wings pl, 1
die Probebühne	the rehearsal stage
der Orchestergraben, 2	the orchestra pit, 2
das Schauspielhaus	the playhouse
der Souffleurkasten, 3	the prompt box, 3
das Theater, 4	the theatre, 4
der Vorhang, 5	the stage curtain, 5
aufführen	to perform
die Aufführung	the performance
die Generalprobe	the dress rehearsal
die Inszenierung	the production
die Premiere	the première
die Szene	the scene
die Theaterprobe	the rehearsal
das Theaterstück	the play
die Vorstellung	the performance

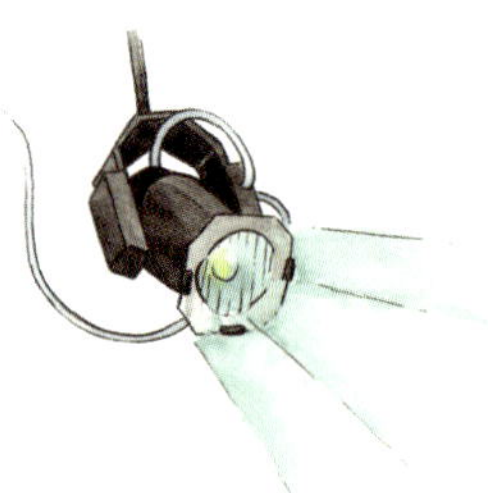

THEATERFÜHRER	THEATRE GUIDE
aufbauen	to construct
beleuchten	to illuminate *or* to light
der Beleuchter	the lighting technician
die Beleuchtung	the illumination *or* the lighting
das Bühnenbild umbauen	to reconstruct the stage setting
der Bühnentechniker	the stage technician
den Einsatz geben	to give the cue
der Haltegurt	the safety harness
der Inspizient, 6	the stage manager, 6
die Regisseurin	the director
die Scheinwerfer	the spotlight
die Tonkabine	the sound room
der Tontechniker	the sound technician
das Bühnenbild	the scenery
der Bühnenbildner, 7	the stage designer, 7
entwerfen	to design
die Figurine	the costume sketch
der Fundus, 8	the props room, 8
der Kostümbildner	the costume designer
der Malersaal, 9	the painting workshop, 9
das Modell, 10	the model, 10
die Requisite	the props pl
der Requisiteur	the prop master
der Schneider	the dressmaker
die Theaterschneiderei, 11	the theatre tailoring, 11
die Theatertischlerei, 12	the theatre carpentry, 12
die Theaterwerkstatt	the theatre workshop
zeichnen	to sketch

THEATERFÜHRER	THEATRE GUIDE
ankleiden	to dress
die Ankleiderin	the dresser
die Anprobe	the fitting
anprobieren	to fit *or* to try sth on
die Garderobe, 13	the dressing room, 13
das Kostüm	the costume
der Maskenbildner	the make-up artist
die Perücke	the wig
schminken	to make up
die Applausordnung	the applause schedule
der Auftritt	the entrance
auswendig lernen	to learn by heart
proben	to rehearse
die Rolle	the role
der Schauspieler	the actor
den Text beherrschen	to master the text
Theater spielen	to act
verneigen	to bow *or* to make a bow
das Orchester	the orchestra
die Souffleuse	the prompter
der Statist	the extra
soufflieren	to prompt

THEATERFÜHRER	THEATRE GUIDE
der Abonnent	the subscriber
abonnieren	to subscribe to
applaudieren	to applaud
der Applaus	the applause
Eintritt bezahlen	to pay an entrance fee
das Foyer, 14	the foyer, 14
klatschen	to clap (one's hands)
die Loge, 15	the box, 15
das Publikum	the audience
das Parkett, 16	the stalls *pl*, 16
die Platzanweiserin, 17	the usher(ette), 17
das Programmheft	the programme
der Rang, 18	the tier, 18
der Sitzplan	the seating plan
der Spielplan, 19	the performance schedule, 19
das Theaterabonnement	the season ticket
die Theaterkasse, 20	the theatre cash desk, 20
der Vorverkauf	the advance booking
der Zuschauer	the spectator
die Theaterkritik	the theatre critique
der Theaterkritiker, 21	the theatre critic, 21

BiLi Zweisprachige Sachgeschichten für Kindergarten- und Grundschulkinder

Warum BiLi?

Fremdsprachen sind in den letzten Jahren immer wichtiger geworden. Heute wird in Deutschland in vielen Familien und Freundeskreisen, in Kindergärten und Schulen mehr als nur eine Sprache gesprochen. Und durch Werbung, Radio oder Fernsehen sind Fremdsprachen für uns und unsere Kinder ohnehin allgegenwärtig.

Die frühe Begegnung mit anderen Sprachen wird in der bilingualen Erziehung gezielt aufgegriffen. Wissenschaftliche Studien weisen darauf hin, dass der Fremdsprachenerwerb im Kindesalter, gerade auch in Kombination mit sachbezogenen Themen, besonders erfolgreich verläuft. Durch den Sprachvergleich entwickeln die Kinder zudem ein besseres Gefühl für die eigene Muttersprache. Schließlich fördert das frühe Lernen mehrerer Sprachen auch die kreativen Fähigkeiten der Kinder. Bilinguale Erziehung eröffnet also vielseitige Chancen.

Was ist BiLi?

Begleitet von Experten: Die BiLis wurden in Zusammenarbeit mit Fachleuten aus der wissenschaftlichen Fremdsprachenpädagogik sowie aus der bilingualen Kindergarten- und Grundschulpraxis entwickelt.

In BiLi verbindet sich die Idee des frühen Fremdsprachenerwerbs mit dem Lernen von Sachinhalten auf optimale Weise: Die zweisprachigen Sachgeschichten sind in übersichtliche, leicht zu erfassende Erzählabschnitte gegliedert. Die entscheidenden Szenen der Geschichte werden in anschaulich-frischen Illustrationen aufgegriffen, wodurch das Textverständnis zusätzlich erleichtert wird. Ein informativer Rundgang – verbunden mit einer zweisprachigen Wörterliste zum Thema – veranschaulicht das ‚erzählte Wissen' im Gesamtkontext und vertieft die vermittelten Sachinhalte durch zusätzliche Begriffserklärungen.

Was will BiLi?

Grundsätzlich sollen die BiLis Kinder an andere Sprachen heranführen, das kindliche Interesse an Fremdsprachen wecken und einen Impuls für deren frühen Erwerb geben. Bei BiLi steht daher nicht das beharrliche Auswendiglernen von fremdsprachigen Vokabeln im Vordergrund, sondern vielmehr ein gleichsam spielerischer Zugang zu einer anderen, neuen Sprache in einem bestimmten Kontext. Zugleich soll die Muttersprache der Kinder, sei sie nun Deutsch oder eine andere Sprache, gestärkt werden. Und den Eltern – gerade auch in mehrsprachigen Familien bzw. in Familien nicht-deutscher Herkunft – geben die BiLis Gelegenheit, gemeinsam mit ihren Kindern eine neue Sprache für sich zu entdecken oder auch Vergessenes wiederaufzufrischen.

Nicht zuletzt sollen die BiLi-Sachgeschichten wissenswerte Sachinhalte aus der Erfahrungswelt und den Interessen der Kinder vermitteln oder sie in neue, spannende Themen einführen. Sie stellen damit eine zugleich sprachliche wie inhaltliche Bereicherung für die Kinder dar!

Für wen ist BiLi?

Sowohl Kinder, die zum Beispiel durch ihr Familienumfeld bereits Kenntnisse in mehreren Sprachen mitbringen, als auch solche, die erstmalig mit einer anderen Sprache als ihrer Muttersprache in Berührung kommen, können von BiLi profitieren. Natürlich sind genauso alle Eltern, Erzieher und Grundschulpädagogen angesprochen, die etwas zum frühen Fremdsprachenerwerb ihrer Kinder und Schüler beitragen möchten.

„Es ist total praktisch, dass die Geschichte gleich auf beiden Sprachen parallel zu lesen ist, denn ich weiß manchmal nicht, was manche Dinge auf Englisch bedeuten und dann kann ich es gleich auf der Seite nachlesen. Auch wenn mein Kind nachfragt, muss ich nicht mehr ‚ich weiß es nicht' sagen." – Frau W., Mutter

„Ich habe die Geschichte besser verstanden als andere, weil die Texte zweimal vorgelesen wurden." – Junge, 4. Klasse.
Er verstand den Text besser, weil er manche Wörter in Türkisch besser verstand als in Deutsch und umgekehrt.

Wie wird BiLi eingesetzt?

Im Familienumfeld werden die BiLis vorzugsweise gemeinsam gelesen, können aber von älteren Kindern durchaus auch zum ‚Selbststudium' verwendet werden.

In Grundschulen werden Kinder mit anderen Muttersprachen zu Sprachmittlern für ihre Mitschüler und Lehrer. Hier können die BiLi-Bücher sowohl im Fremdsprachen- als auch im (Immersions-) Sachunterricht eingesetzt werden.

Darüber hinaus sollen die „Sachgeschichten zur Kultur" Schüler und Lehrer dazu anregen, durch Schulausflüge und themenbezogene Projekttage kulturelle Einrichtungen für sich zu entdecken, und Möglichkeiten der Freizeitgestaltung aufzeigen. Die BiLi-Bücher können dabei zur Vor- und Nachbereitung von Tagesausflügen an Schulen sowie auch in diversen DaZ-Förderprogrammen verwendet werden.

Schließlich eröffnen bilinguale Projekte im Grundschulbereich die Gelegenheit, Eltern und ältere Geschwister in die Arbeit mit den jüngeren Kindern einzubeziehen. Aus solchen interkulturellen Projekten entstehen oft ganz neue Partnerschaften zwischen Eltern und Schulen.

In Bibliotheken führen die zweisprachigen BiLi-Bücher – etwa durch einen Lesenachmittag in Kooperation mit einer Grundschule – große und kleine Leser deutscher und nicht-deutscher Herkunft nicht nur an die jeweils andere Sprache heran, sondern leisten einen grundlegenden Beitrag zur allgemeinen Leseförderung.

Jens

can be obstinate at times, but he can put his mind to it if it matters to him.

Lisa

likes to display everything she can do – and she is also the very best friend to have.

Benni

is sometimes rather clumsy, but he is always in a good mood.